# LETTRE

D'UN

# EX-TRANSPORTÉ POLITIQUE

## A CAYENNE

---

PARIS

IMPRIMERIE C. MURAT, CHAUSSÉE D'ANTIN, 53

—

1882

# LETTRE D'UN EX-TRANSPORTÉ POLITIQUE

## A CAYENNE

---

## A MESSIEURS LES DÉPUTÉS

---

MESSIEURS LES DÉPUTÉS

La Commission générale instituée par l'article 10 de la loi de réparation nationale du 30 juillet 1881 doit vous soumettre un cas comprenant une certaine catégorie de victimes du coup d'État de 1851, qui, dit-elle, n'a pas été visée par la loi du 30 juillet, et qui cependant, doit être comprise dans la loi.

Avant de vous faire connaître l'historique du fait qui me concerne, je dois vous dire dores et déjà, que la Commission départementale de la Seine, au vu de mon dossier, avait été unanime pour me reconnaître comme ayant-droit et m'avait accordé comme un des plus frappés par le coup d'État de 1851, la pension maximum de 1,200 francs.

Le décret du 8 décembre 1851, loi de sûreté générale, édicté par Bonaparte et qui m'a envoyé à Cayenne pour dix ans, dit dans son texte :

Article premier. — Tout individu placé sous la surveillance de la haute police, qui sera reconnu coupable de rupture de ban, pourra être transporté par mesure de sûreté générale dans une colonie pénitentiaire à Cayenne ou en Algérie. La durée de la transportation sera de cinq années au moins et de dix ans au plus.

Art. 2. — La même mesure sera applicable aux individus reconnus coupables d'avoir fait partie d'une société secrète.

C'est en visant l'article 2 du décret du 8 décembre 1851 que M. Billault, ministre de l'intérieur, de concert avec le préfet de police Piétri, fit signer à Napoléon III le décret qui m'envoya à Cayenne pour dix ans.

Que dit l'article premier de la loi du 30 juillet 1881 ?

Des rentes incessibles et insaisissables d'un total de six millions de francs (6,000,000) sont allouées à titre de réparation nationale aux citoyens français victimes du coup d'Etat du 2 décembre 1851 et de la loi de sûreté générale du 27 février 1858.

M. le sénateur Roger-Marvaise, jurisconsulte éminent, qui fut un membre de la commission sénatoriale qui prépara la loi du 30 juillet 1881 votée par le Sénat, s'exprime ainsi dans une consultation qui lui fut demandée et qui parut dans le *Progrès de Lyon* vers la fin de janvier dernier :

Le sens de cet article est bien clair et sa portée est générale. La réparation nationale est destinée à *toutes les victimes* du coup d'Etat et de la loi de sûreté générale. La loi ne distingue pas entre les citoyens qui ont été frappés de transportation, déportation, bannissement, etc., et ceux qui n'ont souffert du coup d'Etat que par des mesures indirectes ou ultérieures.

La loi a donc voulu faire participer à l'indemnité toutes les victimes du coup d'Etat, tous ceux qui ont souffert. M. A. Ranc, publiciste et député dont l'autorité est incontestable et qui a qualité pour parler d'une classe de persécutés qu'il a longtemps connue, le prouve dans un article paru dans le journal le *Voltaire* du 29 avril, par des arguments irréfutables. M. Ranc dit, à propos d'un bruit qui circulait dans le public au sujet de l'exclusion par la commission générale d'une catégorie de victimes de l'empire, transportées en vertu du décret du 8 décembre 1851:

Je me permettrai de faire observer qu'en agissant ainsi la commission générale ne respecterait même pas le texte de la loi, qui n'établit aucune catégorie et qui parle en termes généraux des victimes du coup d'Etat. Or, il me paraît que des hommes frappés en vertu d'un décret dictatorial daté du 8 décembre 1851, sont des victimes au même titre que ceux qui ont été internés ou exilés immédiatement après le coup d'Etat.

Cette assertion est tellement vraie que M. le sénateur Massé, membre de la commission sénatoriale qui fit voter la loi du 30 juillet au Sénat, m'écrivait, le 24 mai 1881, une lettre particulière en réponse à la circulaire suivante que j'avais eu l'honneur d'adresser à MM. les sénateurs après le vote de la loi de réparation nationale par la Chambre des députés le 31 mars 1881.

Voici cette circulaire :

Monsieur le Sénateur,

J'ai l'honneur d'appeler votre attention sur la loi concernant les victimes du 2 décembre, votée par la Chambre des députés, le 31 mars dernier, et soumise à votre sanction. Il a été omis, dans l'énoncé de ses articles, une classe de proscrits qui furent, comme leurs devanciers, victimes du décret infâme du 8 décembre 1851, et transportés sans jugement, soit à Cayenne, soit à Lambèse.

Il suffisait que ces proscrits, dont les souffrances et les douleurs furent les mêmes que celles des victimes du 2 décembre, continuassent la lutte contre le coup d'Etat ou eussent été oubliés pour qu'ensuite on les arrêtât la nuit, au milieu de leur famille, et qu'ils fussent dirigés sur Cayenne ou sur l'Afrique en vertu du décret du 8 décembre 1851 (2e article), en passant par les cellules de Mazas, les prisons centrales, les bagnes de Toulon ou de Brest. Dans ce cas, les commissions *mixtes* étaient remplacées par le ministre de l'intérieur, le chef de la sûreté générale, le préfet du département, le chef du service de la sûreté générale. Le tout signé par Napoléon président ou Napoléon empereur.

Ne serait-il pas de toute justice que les citoyens ainsi frappés au lendemain du coup d'Etat jusqu'au 27 février 1858, participassent à la réparation que la loi votée le 31 mars 1881 accorde aux proscrits du 2 décembre et aux victimes de la loi de sûreté générale du 27 février 1858 ?

Ne serait il pas juste d'ajouter à l'article 1er de la loi du 31 mars 1881, *au cas où cette classe de proscrits n'y serait pas comprise*, le paragraphe additionnel suivant, qui serait soumis au vote du Sénat, et que la majorité de la Chambre des députés ratifierait sans nul doute :

« Ladite loi s'applique également aux anciens proscrits transportés sans jugement jusqu'au 27 février 1858, en vertu du décret du 8 décembre 1851. »

Veuillez agréer, monsieur le Sénateur, l'assurance de mes sentiments respectueux.

LANGE (Pierre-Pascal), transporté à la Guyane française pour dix ans, en vertu du décret du 8 décembre 1851.

*17, Chaussée d'Antin, Paris.*

La réponse de M. le sénateur Massé est ainsi conçue :

*Paris, 24 mai 1881*

Monsieur et cher concitoyen,

J'ai pris connaissance de votre lettre-circulaire concernant les victimes du 2 décembre 1851. Il est évident que la catégorie qu'elle vise ne peut être oubliée et qu'elle sera comprise dans les termes généraux de la loi. La commission sénatoriale proposera la suppression des catégories pour s'en tenir à la dénomination générale des victimes du coup d'Etat du 2 décembre et de la loi de sûreté générale du 27 février 1858, laissant ainsi, à la commission départementale le soin d'admettre au bénéfice de la loi toutes les victimes qu'elle jugera dignes. Il serait en effet très difficile de ne pas oublier des victimes très dignes d'intérêt en indiquant les catégories qui seraient seules appelées.

Recevez, monsieur et concitoyen, l'assurance de mes sentiments dévoués,

MASSÉ,
*Membre de la commission.*

N'est-ce pas là toute la théorie de la loi et l'esprit dans lequel elle a été faite ?

Et, ne serait ce pas reconnaître comme légal le crime de décembre s'il en était autrement ?

Le 9 septembre 1855, comme je me rendais à mon travail (il était quatre heures du matin), je fus arrêté à Paris, sur la place des Patriarches, par une bande d'agents appartenant à la police politique dont le chef à cette époque était un nommé Lagrange. Conduit à la préfecture de police, j'y restai jusqu'au 15 du même mois dans un cabanon des plus infects, puis je fus transféré à la prison Mazas; on m'y laissa jusqu'au 6 décembre, jour où l'on vint me chercher pour me conduire à la prison de la Roquette. Le 8, je partais pour Toulon en voiture cellulaire, où l'on eut l'infamie de m'enchaîner. Le voyage dura trois jours, et quand je descendis de voiture et qu'on m'eût ôté mes chaînes, j'avais les jambes percluses. Les gendarmes furent obligés de me porter au bagne de Toulon, ma nouvelle demeure.

Au bagne! Moi qui, depuis le jour de mon arrestation, n'avais jamais vu la figure d'un juge.

Au bagne, je fus mis dans une cellule de punition en attendant mon embarquement qui eut lieu le 19 décembre 1855.

Je ne rentrai en France qu'en 1860, lors de l'amnistie générale. Ma transportation dura donc près de cinq années.

A mon retour à Paris, où j'avais mon domicile que j'habitais depuis 1838, où j'avais ma famille dont j'étais le seul soutien, il me fallut par ordre de la préfecture de police échanger le passeport qui m'avait été donné pour mon retour en France contre un permis de séjour.

Pourquoi ce surcroît de précaution? C'est que j'étais un irréconciliable, un de ceux qui, au 2 décembre, quoique jeune (j'avais vingt ans), avaient pris les armes pour la défense de la loi et du droit, et qui, même vaincus, ne les avaient jamais déposées. Aussi le gouvernement impérial s'empressa-t-il de m'arrêter, en 1853, quand M. Delescluze vint à Paris, ainsi qu'un bon nombre de républicains, qui, comme moi, avaient échappé lors du coup d'Etat de 1851, sous le spécieux prétexte que je faisais partie d'une société secrète. Que fallait-il au gouvernement de Bonaparte? Une condamnation pour qu'il pût appliquer son décret du 8 décembre 1851, afin de se débarrasser de ceux qu'il jugeait les plus dangereux. Aussi, cette fois, je n'échappai pas à une condamnation. Après six mois de prévention, je fus condamné à un an de prison.

Pourquoi la commission générale n'a-t-elle pu m'admettre aux bénéfices de la loi du 30 juillet 1881 sans en appeler à la décision souveraine de la Chambre des députés ?

Jamais aucun jugement de transportation n'a été prononcé contre moi, attendu que le tribunal qui prononça contre moi la peine d'un an de prison écarta pour moi ainsi que pour mes coaccusés la transportation. Et s'il en avait été autrement, est-ce que le gouvernement m'eût remis en liberté durant six mois ? Et le 9 septembre, jour où il m'arrêta, ainsi que M. Ranc, aujourd'hui votre collègue, aurait-il eu besoin de rendre contre nous un décret de transportation qui m'envoyait, moi, à Cayenne et M. Ranc à Lambessa pour dix ans.

Le décret rendu contre moi le 8 octobre 1855 et qui m'a envoyé à Cayenne pour dix ans, en vertu du décret du 8 décembre 1851, se trouve à mon dossier portant les signatures suivantes :

1° Napoléon III, empereur des Français ;
2° Billault, ministre de l'intérieur ;
3° Collet-Maigret, chef de la sûreté générale ;
4° Balestrino, sous-chef de la sûreté générale;
5° Piétri, préfet de police.

Le tout contresigné par un nommé Hanchard, commissaire de police du quartier des Quinze-Vingts.

Ce décret me fut lu le 14 novembre 1855 dans ma cellule de Mazas, j'en exigeai le récépissé, pièce officielle qui se trouve aujourd'hui dans mon dossier et que MM. les membres de la commission générale ont pu lire.

En nous appliquant ce décret, Bonaparte n'en voulait pas seulement à notre existence, car la transportation à la Guyane était souvent un arrêt de mort, mais à notre considération, à notre honneur, en nous assimilant au rebut de la société, aux repris de justice.

L'article 6 de la loi du 30 juillet dit dans son texte :

Prendront seulement part à l'élection des délégués les proscrits ou victimes qui auront été frappés par des décrets ou arrêtés de transportation, de détention, de bannissement, jugements correctionnels ou des conseils de guerre et décisions des commissions mixtes.

Les victimes indiquées par l'article 6 ne sont-elles pas les catégories qui doivent bénéficier de la loi du 30 juillet 1881 ?

L'article 6 ne dit-il pas : « Qui auront été frappés par des décrets ». N'est-ce pas du décret du 8 décembre 1851 (puisqu'il n'y en a jamais eu d'autre) que le législateur a voulu parler ? N'est-ce pas ce décret qu'il a voulu viser dans la loi du 30 juillet 1881 ?

Eh bien ! n'ai-je pas été frappé par le décret du 8 décembre 1851 ? Que ce décret ait été appliqué le 8, le 9 décembre 1851 ou le 8 octobre 1855, jour où on me l'appliqua, n'est-ce pas toujours le même décret ? Est-ce que les commissions mixtes ne prononcèrent pas leur arrêt en vertu de ce décret ?

Est-ce que les personnes dont les signatures sont au bas du décret rendu contre moi en 1855 ne formaient pas une commission mixte au premier chef ? Commission mixte qui, comme celles de 1852, prononça un arrêt de transportation qui m'envoya à Cayenne pour dix ans.

Si Bonaparte n'eût rendu au plus fort de la lutte le décret du 8 décembre 1851 pour jeter l'épouvante et assurer son pouvoir, existait-il dans notre code une loi pénale qui m'eût envoyé à Cayenne pour dix ans? Non.

Ceux qui furent frappés par ce décret, à n'importe quelle époque, sont donc des victimes directes du coup d'Etat de 1851. C'est le cas où je me trouve.

Depuis le coup d'Etat, ma vie n'a été qu'une longue période de souffrances. Aujourd'hui j'ai cinquante et un ans et je suis perclus des membres inférieurs, résultat de ma transportation à Cayenne.

Je viens vous prier, Messieurs les Députés, quand la commission générale des victimes du coup d'Etat de 1851 et de la loi de sûreté générale du 27 février 1853 soumettra mon cas à la décision souveraine de la Chambre par l'organe du gouvernement, de bien vouloir vous rappeler les faits énoncés par moi.

En me faisant rentrer dans la loi de réparation nationale du 30 juillet 1881, vous accomplirez un acte de justice.

Veuillez agréer, Messieurs les Députés, l'assurance de mes sentiments respectueux.

LANGE (PIERRE-PASCAL),

Transporté à Cayenne pour dix ans, en vertu du décret du 8 décembre 1851.

17, Chaussée d'Antin.

124- 205. — Imp. C. Murat.

www.ingramcontent.com/pod-product-compliance
Ingram Content Group UK Ltd.
Pitfield, Milton Keynes, MK11 3LW, UK
UKHW020127100726
13658UKWH00005B/2403